MOISÉS

El líder elegido por Dios

Por Anne de Graaf

Ilustrado por José Pérez Montero

Moisés
El líder elegido por Dios
Escrito por Anne de Graaf
Ilustrado por José Pérez Montero
Diseño gráfico por Nils V. Glistrup

Drejervej 15, 3er piso, DK 2400 Copenhague NV, Dinamarca
E-Mail: info@sph.as Web: www.sph.as

Concebido, diseñado y producido por Scandinavia Publishing House

Impreso en China
ISBN 9788771326215

MOISÉS

El líder elegido por Dios

Por Anne de Graaf

Ilustrado por José Pérez Montero

Hace mucho, mucho tiempo, nació un pequeño bebé muy especial. Vivía en Egipto. Pero su familia no era egipcia. Eran hebreos, o israelitas.

Los israelitas habían llegado a Egipto cientos de años antes de que naciera este bebé. En ese tiempo los egipcios les habían dado la bienvenida. Pero en los cientos de años que habían pasado desde entonces, nacieron muchos israelitas. Ahora los egipcios tenían miedo a los israelitas, ¡y por eso los hicieron esclavos!

Por eso, cuando este bebé nació, su madre tuvo que ocultarlo. El faraón, o rey egipcio, ¡había ordenado matar a todos los niños israelitas! Sólo las niñas podrían vivir, y solamente si trabajaban como esclavas.

Todos los bebés eran hermosos. Pero este era particularmente especial. "En mi corazón sé, simplemente, que crecerá y se convertirá en alguien importante," dijo su madre a sus otros dos hijos.

Su hermano se llamaba Aarón. Los soldados no lo habían matado. Ahora la familia le pedía a Dios que protegiera también a su segundo hijo. "Por favor enséñanos una forma de salvarlo," oraron. No temían al faraón. Y pensaron en un plan.

Cuando los soldados del faraón estaban distraídos, la familia llevó al bebé hasta el gran río Nilo. Lo envolvieron en su manto favorito y lo pusieron en una cesta. Entonces la madre dijo una plegaria, "¡Señor, por favor no dejes que nuestro hijo se ahogue o que lo encuentren los soldados egipcios!"

¡Y el bebé flotó río abajo! El suave vaivén de las olas lo meció hasta que se durmió.

"¡Un bebé! ¡Miren todos! ¡Hay un bebé en esa cesta!" La hija del faraón había venido a nadar al río. Cuando vio la cesta flotando en el rio, mandó a una de sus criadas a que se la trajera. Viendo ahora al bebé, dijo, "Pobrecito. "Debe ser uno de los bebés hebreos." Sintió lástima por el pequeño. "Mira cómo se chupa su mano. ¡Tiene hambre!"

La hermana del bebé había seguido la cesta río abajo. Caminó hacia ellas. "¿Debo pedir a alguna de las mujeres hebreas que lo alimente para usted?" Desde luego, ella se refería a su madre.

"Sí, eso le hará bien," dijo la princesa. "Este bebé será mío. Di eso a los soldados si llegan a molestarte. Cuando tenga suficiente edad para comer alimentos sólidos, llévalo al palacio. Ahí crecerá como mi hijo."

Su verdadera madre estaba llena de alegría de tener a su hijo de vuelta en casa. La familia dio gracias a Dios por responder sus plegarias. Sí, ciertamente este bebé era muy especial.

Aproximadamente un año después, su hermana llevó a Moisés con la princesa. "¡Oh, mira qué lindo es!" La hija del faraón tomó al bebé en sus brazos. "Lo llamaré Moisés. Es un buen nombre, ¿no crees?"

La hermana de Moisés sonrió. Sabía que su hermanito estaba en buenas manos. Regresó a su casa y, junto con sus padres, rezó por Moisés. Al menos ahora no tendría que crecer siendo un esclavo.

La princesa cuidó bien a Moisés. Lo quería y le daba lo mejor de todo lo que había. Mientras crecía, Moisés aprendió todo sobre la historia de Egipto. También aprendió sobre su propio pueblo, los hebreos.

"¿Pero por qué todos los hebreos son esclavos?" preguntó a su madre.

"Porque el faraón necesita trabajadores. Necesita gente que cuide los campos y construya las pirámides."

"¡Pero no es justo!" gritó el joven Moisés. "He visto a los egipcios azotar a mi gente. ¡A veces ni siquiera tienen suficiente comida!"

Su madre adoptiva desvió la mirada. "Sí, lo sé, Moisés. Pero no hay nada que podamos hacer. Recuerda por qué eres un príncipe. Mi padre, tu abuelo, es el poderoso faraón. Todos debemos hacer lo que él diga."

Moisés pensó, "¡Yo voy a hacer algo! No es correcto. ¡Mis maestros de historia me dijeron que los hebreos vinieron a trabajar con los egipcios, no para ellos!"

Pasaron los años y durante ese tiempo Moisés también aprendió que había una diferencia entre los dioses egipcios, que no eran reales, y el Dios de los hebreos, quien es muy real.

Cuando Moisés tenía unos cuarenta años, finalmente tuvo la oportunidad de hacer algo por su pueblo. Un día, iba camino al palacio cuando al dar la vuelta en una esquina vio que un egipcio estaba golpeando a un esclavo hebreo.

Moisés no se pudo contener. "¡Oye tú!" corrió hacia el hombre. "¡Esta es la última vez que golpeas a alguien de mi pueblo!" El egipcio lo miró con sorpresa. Moisés lo golpeó con toda la fuerza que pudo. Una y otra vez rodaron por la arena. Hasta que Moisés mató al egipcio. Tan rápido como pudo, Moisés enterró el cuerpo para que nadie lo hallara.

Al día siguiente Moisés vio a dos esclavos peleando. "¡Alto!" dijo mientras los separaba. "Deben pelear con los egipcios, no entre ustedes."

"¿Quién te crees que eres?" le respondieron a Moisés. "¡Nosotros te vimos matar un egipcio ayer!"

Moisés jadeó, "¡Ya lo saben!"

"¿Y quién no?" los dos esclavos se burlaron de Moisés.

Moisés corrió por su vida.

Moisés se fue de Egipto y dejó atrás su vida como príncipe. Huyó internándose muy lejos en el desierto. Los guardias del faraón regresaron con las manos vacías. Moisés había desaparecido sin dejar rastro. ¿O no?

Una vez que estuvo a salvo, Moisés pensó, "Me he escapado, ¿pero qué hago ahora? No sé cómo conseguir comida en el desierto. ¿Y si muero?" Algunos días después Moisés encontró un pozo.

Ahí vio a varios pastores que no dejaban que unas mujeres tomaran su agua. Moisés alejó a esos abusadores. Cuando ayudó a las mujeres, ellas lo invitaron a comer a su casa.

Las mujeres eran hermanas. Su padre era un hombre sabio que pertenecía a una tribu que viajaba a través del desierto. Vivían en tiendas y cuidaban ovejas.

Moisés se hizo buen amigo del padre. Se casó con una de las hijas y pasó los siguientes cuarenta años trabajando como pastor.

Durante ese tiempo Moisés entendió que no era el importante príncipe que alguna vez había estado en Egipto. En el desierto no era más que un ordinario pastor de ovejas.

Más de una vez bajo esos enormes cielos nocturnos, Moisés se dijo a sí mismo, "No tengo nada especial. Para lo único que sirvo es para huir." Él mismo no se gustaba mucho así mismo. Entonces pasó algo que cambió su vida para siempre.

Un día, Moisés estaba en la base de una montaña, buscando algunas de sus ovejas. Se habían extraviado entre las rocas y los acantilados.

De repente vio algo muy extraño.

"¡Un fuego!" Esperó para ver qué dirección tomaba el fuego. ¿Lo empujaría el viento hacia donde estaban Moisés y su rebaño, o en la dirección opuesta? No hizo ninguna de las dos cosas. ¡El fuego se quedó en un solo lugar!

Moisés no podía creer lo que veía. Se acercó y un estremecimiento subió por su espalda. "¿Qué es esto?" preguntó en voz alta.

¡Los arbustos estaban en llamas, pero no se quemaban! Dentro del fuego los arbustos seguían siendo verdes.

De pronto, Moisés oyó una voz que salía de las llamas. "¡Moisés, Moisés!"

"Aquí estoy."

La Voz que salía de los arbustos dijo, "Soy el Dios de tus ancestros, el Dios de Abraham, Isaac y Jacob, el Dios de los israelitas."

Mientras Moisés se ponía de rodillas, Dios dijo, "He visto a los egipcios lastimar a Mi pueblo todos estos años. Los he oído rogar pidiendo ayuda. Conozco su dolor. Ha llegado el momento de que los saques de Egipto. Llévalos a la tierra que le prometí a mi pueblo hace tanto tiempo. Habla con el faraón. Dile que deje libre a Mi pueblo."

Moisés sacudió la cabeza. "Pero yo no soy nadie," pensó. "Sólo sirvo para huir. ¿Por qué Dios elige a un fracasado como yo?"

En voz alta, Moisés dijo, "Pero...pero ¿por qué debo ser yo quien hable con el faraón?"

"Porque yo estaré contigo. Tú eres el líder que he elegido."

Moisés se estremeció. "Pero... ¡No puedo hacerlo! ¿Qué les voy a decir? ¿Quién diré que me envió?"

"Diles que el Señor Dios te ha enviado," respondió Dios.

Moisés se sintió miserable. "No sirvo para nada," pensó. Y discutió con Dios. No quería el trabajo. "Pero... ¿por qué deberían creerme? ¿Qué prueba puedo darles de que he sido enviado por Dios?"

"Cuando tires tu cayado al suelo, se convertirá en una serpiente. Cuando lo levantes otra vez, volverá a ser un cayado. Inténtalo."

Moisés tiró su cayado al suelo. Cuando se alejó arrastrándose como una serpiente, Moisés gritó y se echó a correr. Entonces pasó por encima de la serpiente y la atrapó. En sus manos volvió a ser un cayado de madera.

Moisés tenía miedo. "Pero...pero yo...no hablo bien. ¿Cómo voy a decirle al faraón que debe liberar a los hebreos? ¡No me escuchará! Por favor..."

El Señor le dijo, "Sólo ve y yo estaré contigo. Yo te enseñaré qué decir." El miedo que tenía Moisés lo hacía verse tonto. "Por favor, por favor manda a alguien más."

Las flamas de los arbustos se hicieron más brillantes e intensas. "¿Qué tal tu hermano Aarón?" dijo Dios. Este era el hermano mayor que había orado con la familia de Moisés cuando éste era apenas un bebé.

Dios dijo, "Él sabe hablar bien. Lo enviaré aquí a que te vea. Todo lo que tienes que hacer es decirle qué decir y él te ayudará. Pero tú eres mi elegido para dirigir al pueblo. ¡Ahora vete!"

Moisés bajó la cabeza. ¿Qué más podía decir? Finalmente aceptó lo que Dios le había pedido. Sólo entonces Dios se hizo cargo del miedo que sentía Moisés. Le dijo, “El faraón que quería matarte, y sus hombres, han muerto ya.” Ahora hay otro faraón. Él no te hará daño.”

Moisés asintió con la cabeza. Sentía que iba a dar un gran paso dentro de un túnel profundo y oscuro. Moisés en su mente oyó la promesa de Dios, “Estaré contigo.”

En el camino hacia Egipto, Moisés se reunió con su hermano Aarón. Moisés le contó todo lo que había pasado. Los hermanos viajaron juntos el resto del camino. Estaban en una misión de Dios.

"¡Pero deben creernos!" Aarón habló con los líderes hebreos en Egipto. Todos los ancianos que estaban en la reunión eran esclavos. Algunos sacudían la cabeza con lo que Aarón decía, "Dios ha elegido a Moisés para sacarlos de Egipto."

Moisés dio un paso al frente. Respiró profundamente y dijo, "Miren esto. ¡Esto es lo que le mostraremos al faraón para que los deje ir!" Moisés tiró su cayado al suelo.

Cuando el cayado se convirtió en serpiente, todos contuvieron el aliento, "¡Sí, en verdad son enviados de Dios!"

"¡Creemos! ¡Dígannos qué hacer!" Aarón dijo, "Recen por nosotros. Ahora iremos a entregar al faraón el mensaje de Dios."

Mientras se acercaban al palacio del faraón, Moisés sintió ganas de huir otra vez. Miró a su hermano caminando a su lado. Entonces miró a las puertas del palacio. "Aquí es," murmuro. Moisés sabía lo que tenía que hacer.

Cuando estuvieron dentro del palacio, Moisés caminó por los mismos corredores donde había jugado cuando era niño.

"¿Qué quieren?" gritó el gran y poderoso faraón de Egipto.

"Tenemos un mensaje del gran y poderoso Dios de nuestros ancestros. Dice que debes dejar que todos los esclavos hebreos salgan de Egipto."

El faraón rio. "¡Vaya! ¡Un dios de esclavos! ¡Qué tontería, salgan de mi vista!"

Moisés y Aarón se miraron. Esto no iba a ser fácil. "El Dios de los hebreos dice que quiere que Su pueblo salga de Egipto por tres días para adorarlo."

"¡No sean ridículos!" Gritó el faraón, "¡Los esclavos no pueden tomar vacaciones! ¡Es porque ustedes son perezosos! ¡Los hebreos trabajan para mí y para nadie más!"

Moisés y Aarón habían advertido al faraón. Él eligió no escuchar. Aún cuando el cayado se convirtió en serpiente, el faraón dijo, "¡Ese es sólo un truco de hechicero! ¡Miren!" En eso los hechiceros del rey hicieron lo mismo con sus bastones. ¡También se convirtieron en serpientes! ¡Pero el cayado de Moisés se los tragó!

Aún así, el faraón no creía en Dios. Ahora Dios le daría al faraón diez buenas razones por las que debería dejar libre a Su pueblo. Dios dijo a Moisés, "Voy a enviar diez plagas a Egipto. Después de las plagas, todos los egipcios, hasta el faraón, sabrán que Yo soy Dios. Entonces dejará libre a Mi pueblo.

¡Las diez plagas fueron horribles! Primero Dios convirtió toda el agua de Egipto en sangre. Todos los peces murieron. ¡El faraón no podía bañarse!

Entonces Dios envió miles de ranas. Moisés había advertido al faraón, "Dios dice que dejes libre a Su gente." El faraón no escuchó. Las ranas saltaron fuera de los ríos y estanques y se metieron en las casas de los egipcios. Fue entonces cuando el faraón llamó a Moisés.

"¡Desháganse de ellas! ¡Hagan lo que tengan que hacer, pero detengan a estas ranas!"

"Dios dice, 'Deja libre a Mi pueblo'."

"¡Está bien! Sí, mañana. Todos podrán irse mañana, lo que digas, sólo desháganse de las ranas. ¡Están por todos lados en las cocinas, y hasta encontré una en mi cama!"

Sin embargo, cuando todas las ranas se habían ido, el faraón cambió de parecer. "¡No! Los esclavos no pueden quedar libres. ¡Necesito que trabajen!"

Entonces Dios envió enjambres de moscas pequeñas y grandes. Se paraban en todo. Todos los animales y las personas estaban cubiertos de moscas. Las pequeñas eran las peores.

Entonces Dios envió una enfermedad para que muriera todo el ganado de los egipcios. Durante estas últimas plagas sólo los egipcios y sus hogares fueron dañados. Dios tuvo cuidado de no afectar a los hebreos y sus animales.

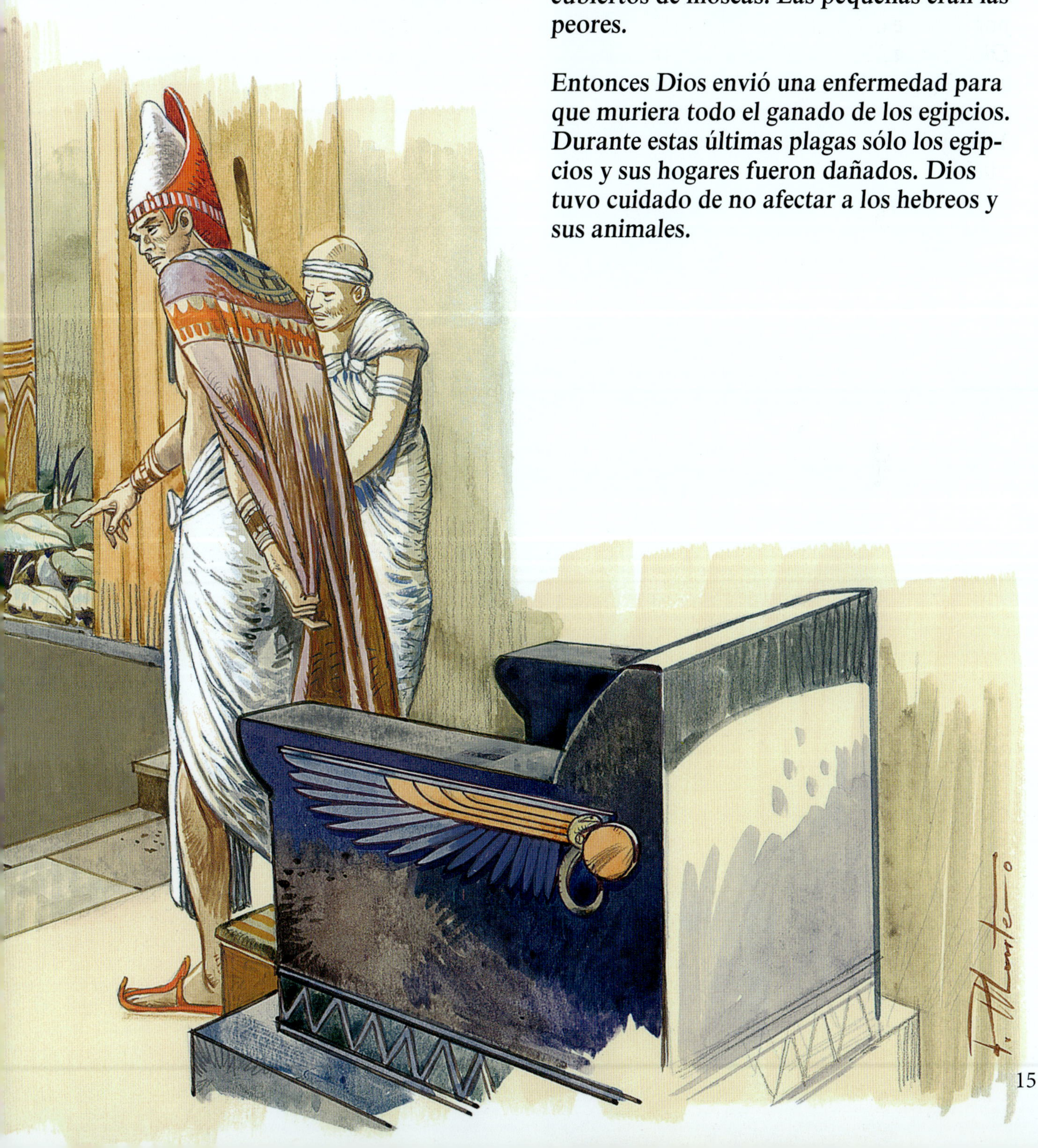

Cada vez que una nueva plaga golpeaba Egipto, el faraón mandaba llamar a Moisés. “Haz que pare y liberaré a los hebreos,” rogaba. Cada vez Moisés fue al Señor en sus oraciones y cada vez Dios detuvo la plaga. Pero el faraón cambiaba de opinión, una y otra vez.

Dios envió un fino polvo desde el cielo. ¡Cayó sobre los rostros de los egipcios y les causó horribles llagas! “¡Agh! ¿Qué nos está pasando?” chillaron los egipcios.

Los israelitas sacudieron la cabeza. No había nada mal con su piel. “Deberían decirle a su faraón que nos deje ir.”

Los egipcios antecedieron con el faraón. Hasta sus propios magos y sirvientes le rogaron liberar a los hebreos. “Su Dios es demasiado fuerte para nosotros,” dijeron.

El faraón sacudió la cabeza. “¡No irán a ningún lado más que de regreso a trabajar, donde deben estar!” estalló.

Entonces el Señor envió la peor tormenta de granizo que se hubiera visto en Egipto. Rayos sacudieron la tierra mientras fuego y granizo cayó desde el cielo. Cualquiera que se quedara afuera moría por las enormes piedras de granizo. ¡Eran tan grandes como melones! Todas las plantas y la hierba fueron aplastadas.

Entonces Dios mandó una enorme nube de langostas, que se comieron todas las hojas verdes que había en Egipto. Cubrieron el suelo hasta que quedó negro. Pero en el lugar donde vivían los israelitas había luz. Finalmente el faraón dijo, “¡Basta! ¡Llévate a tu gente y déjanos en paz!” ¡Pero entonces el faraón cambió de opinión otra vez!

Dios envió oscuridad a la tierra. El día se hizo noche y la noche duró muchos días. Otra vez el faraón dijo a Moisés,

"Déjanos. ¡Váyanse ahora! Pero asegúrate de dejar aquí el ganado y las ovejas." Estaba muy enojado y, otra vez, el faraón cambió de parecer. Todavía no iba a dejar ir al pueblo de Dios.

Finalmente, el Señor dijo a Moisés, "Traeré a Egipto una plaga más. Después de eso, el faraón los dejará ir. Pero antes deben protegerse contra lo que estoy a punto de hacer."

Moisés había aprendido mucho mientras sucedía todo esto. Había aprendido que Dios habla en serio. Ahora Moisés iba a advertir al pueblo de Dios que debían pintar las puertas con sangre de cordero. Esa noche Dios haría que todos los primogénitos murieran en su cama. Esto pasaría en la mayoría de las casas egipcias, pero no en los hogares hebreos. La sangre de cordero protegería a los israelitas. En los siguientes años, el pueblo de Dios recordaría siempre esa noche como la primera Pascua.

El pueblo de Dios estaba listo para irse de Egipto. Se resistieron a tomar su última comida. En todos los hogares hebreos, la gente llevaba puestos sus mantos y sandalias, ropa de viaje. ¡Se irían a un largo viaje a una tierra nueva, libres al fin! Y la promesa que Dios hizo a Abraham finalmente se iba a cumplir. Era un nuevo principio y se sentían llenos de esperanza.

"¿Cómo iba a ser?"

"¿Qué tan lejos tendremos que caminar?" Los israelitas hicieron estas preguntas a Moisés durante toda la noche.

Él miró alrededor, "¿Cómo sucedió esto?" se preguntó. "Siempre pensé en mí como un cobarde, y ahora estoy llevando a toda esta gente lejos del gran y poderoso faraón." Todos los cientos y miles de personas empacaron sus cosas y esperaban a que Moisés diera la orden. ¿El faraón los dejaría ir por fin?

A la mitad de la noche, Moisés y su gente oyeron un extraño ruido. Todos dejaron de hablar y escucharon. Llanto. Oyeron el sonido de gente que lloraba.

"¡Es hora!" dijo Moisés. La orden se propagó. Un golpe en la puerta, el grito, esa era la señal. ¡Era hora de irse! El faraón finalmente había dado la orden. ¡Eran libres!

Los israelitas salieron corriendo. Entonces lo supieron, el llanto venía de las casas de los egipcios. Habían perdido a sus hijos mayores. Hasta el faraón había encontrado muerto a su hijo. Y ahora un terrible dolor conmovía la tierra.

Pero los israelitas se habían salvado porque hicieron lo que Dios les dijo durante la Pascua. Ellos eran el pueblo de Dios. Si el faraón hubiese creído en Dios, su pueblo también se habría salvado. Pero él eligió no creer. Ahora el faraón tenía el corazón destrozado.

"¡Diles que se vayan! ¡Fuera de Egipto! ¡Quiero a todos esos hebreos fuera de mi vista!" sollozó el faraón.

Los israelitas dejaron Egipto lo más rápido que pudieron. Tomaron sus ovejas y su ganado, algunas prendas y un poco de comida. Moisés iba al frente. Durante el día siguió una nube alta y delgada. En la noche la nube se convertía en una columna de fuego, que llegaba hasta el cielo. Esta era la forma en que Dios guiaba a Moisés y su gente.

Día y noche, por varios días, Moisés guió al pueblo de Dios a través del desierto. Tenían miedo de que el faraón cambiara de opinión.

Una noche los israelitas creyeron sentir el golpe de cascos sobre la arena. "¡Nos estamos imaginando cosas!" rieron entre ellos. Acababan de llegar al mar y estaban levantando el campamento.

Un pequeño niño se arrodilló. Puso la oreja sobre la arena. "¡Golpea!" El campamento entero miró al camino por donde habían venido.

Sus corazones quedaron paralizados.

"¡Es el faraón! ¡Viene por nosotros!"

"¡Vean su ejército! ¡Los carruajes!"

"¡Oh, debimos quedarnos en Egipto!"

"¿Hacia dónde podemos ir? ¡El mar nos ha atrapado!"

Moisés no tenía tiempo para sentirse asustado. Trató de calmar a la gente, pero comenzaron a gritar y a correr por todos lados. Les dijo, "Dios me ha dicho que Él peleará por ustedes. Dice que esta es la última vez que verán a estos egipcios."

Entonces elevó su cayado hacia el mar. ¡La gente oyó un enorme rugido cuando el mar se partió en dos! Directamente a la mitad del mar apareció un camino seco.

"¡Vamos!" Ordenó Moisés a la gente. "Ya no están atrapados. Dios nos ha mostrado una salida. De prisa."

Los israelitas cruzaron el mar durante toda la noche. Todos llegaron a salvo al otro lado. Todas las ovejas y el ganado atravesaron también.

En la mañana, los egipcios llegaron al agua, justo cuando el último israelita acababa de pasar al otro lado. “Si ellos pueden atravesar el mar, nosotros también podemos,” ordenó el faraón. Los carruajes se metieron en el camino seco que atravesaba el mar.

Los israelitas miraron a Moisés. “¿Ahora qué hacemos?”

Justo cuando todos los egipcios estaban en medio de las olas, Moisés tendió el brazo hacia el mar otra vez. ¡Otro terrible rugido sacudió la tierra!

Moisés apuntó con su cayado hacia el agua. ¡Las olas que estaban a ambos lados del ejército egipcio les cayeron encima! ¡Dios los barrió, cubriéndolos de agua! ¡El faraón y sus hombres desaparecieron en las profundidades!

La gente nunca había visto algo parecido. Aclamaron a Moisés. Aclamaron a Dios. “¡No hay ningún Dios como el nuestro! ¡Démosle gracias por salvarnos!” gritaron. Fue su primera fiesta como pueblo libre.

¡Y cómo celebraron!

Moisés aplaudió y bailó con los demás. “Señor,” oró, tenías razón. Estuviste a mi lado. No pensé que pudiera guiar a la gente y escapar de Egipto. Pero Tú lo hiciste realidad. ¡Gracias!” Más que otra cosa, Moisés tenía la esperanza de que los israelitas nunca olvidaran cuánto había demostrado Dios Su amor por ellos.

Ahora todos los años que Moisés había pasado en el desierto demostraron su utilidad. Sabía cómo encontrar comida y agua en el desierto. Sabía cómo dormir en los días calurosos y viajar durante las frescas noches.

Pero la gente no. Y no querían aprender cómo. Poco tiempo después de salir del mar, la gente empezó a quejarse del calor, la comida, y la aridez. "Estábamos mejor como esclavos en Egipto," gritaron a Moisés.

Moisés era su líder. Él sabía que Dios los amaba. "Confíen en Dios, ¿no se ha encargado siempre de nosotros? Ha prometido llevarnos a una nueva tierra, una tierra mejor..." Moisés sabía que Dios no los había dejado a morir en el desierto.

Pero nadie quería escuchar. Dios hizo caer del cielo maná, u hojuelas de pan ligero. Así la gente no tendría hambre. Todas las mañanas Dios hizo llover maná para que los niños pudieran ayudar a sus padres a recogerlo en cestas. Aún así la gente se quejaba.

Finalmente Moisés le dijo a su gente que podían descansar y acampar. El lugar estaba al pie de un monte llamado Sinaí. Dios le había dicho a Moisés que subiera la montaña. Tenía un regalo especial para Moisés y el pueblo israelita.

Moisés se alejó de su gente durante cuarenta días. Todo el tiempo habló con Dios en la cima de la montaña. Moisés había cambiado. Ya no discutía con Dios. Después de todo lo que había visto, Moisés sabía que el Señor era muy poderoso.

El regalo especial que Dios dio a Moisés fueron dos tablas de piedra. Había escrito en ellas con Su propio dedo. Él había escrito reglas que ayudarían a Su pueblo a conocer la diferencia entre el bien y el mal. Estas reglas eran los Diez Mandamientos.

Los Diez Mandamientos fueron el regalo más importante que Dios había dado a Su pueblo. Moisés sostuvo las losas de piedra en sus manos. Se estremeció por la emoción.

Pero entonces Dios dijo de pronto, "¡Baja ahora inmediatamente! Tu gente se ha hecho un becerro de oro. Lo están llamando dios. Dicen que el becerro los sacó de Egipto. ¡Voy a dejar que Mi ira arda contra ellos y serán destruidos!" De la montaña empezó a salir humo.

Moisés le rogó al Señor que no castigara a la gente. "Señor, son como niños. ¿Los sacaste de Egipto sólo para matarlos en el desierto?"

Todo este tiempo, Moisés estuvo dentro de un fuego en la cima de la montaña. Este fuego era igual al de los arbustos ardientes. Sus flamas no quemaban.

Ahora era Moisés quien estaba en el centro del fuego. Estaba con Dios, como Dios había estado con él. Moisés podía sentir el calor de la ira de Dios. Esperó una respuesta.

Finalmente el Señor aceptó. Daría a los israelitas otra oportunidad. Dios tuvo misericordia de Su pueblo.

Moisés agradeció a Dios. Y salió del fuego. Era el líder de la gente. Tendría que explicarles lo que habían hecho mal. Moisés se apresuró a bajar de la montaña. Cargó las tablas de piedra con mucho cuidado hasta el campamento. Pero cuando vio a la gente bailando alrededor del becerro de oro, se detuvo, demasiado impresionado para moverse.

Moisés no podía creer que fueran tan... tan ciegos. ¿Ya no recordaban lo que Dios había hecho a los egipcios? ¿No habían comido la comida que Él les dio en el desierto? Moisés miró los Diez Mandamientos en sus manos. La primera regla decía que la gente no debía hacer estatuas u otras cosas y tratarlas como dioses. Moisés protestó, “Ya han roto la primera regla y ni siquiera han tenido oportunidad de oírla.”

¡Moisés estaba furioso! "¡Alto!" rugió. "¡Han hecho lo peor que podían hacer! ¡Le han dado la espalda a Dios!

¿Y por qué? ¡Un becerro de oro!" Dicho eso, Moisés alzó las tablas sobre su cabeza y las lanzó contra el piso. ¡Se rompieron en mil pedazos! Las piedras, cubiertas con la escritura de la propia mano de Dios, yacían rotas al pie de la montaña.

Moisés castigó a la gente. Al siguiente día les dijo, "Voy a regresar a la montaña. Debo hablar con el Señor. ¡Han hecho algo terrible!"

Cuando Moisés estuvo otra vez con Dios, dijo, "Por favor perdónalos, Señor." Moisés se quedó otros cuarenta días en la cima del Monte Sinaí. Cuando fue el momento de regresar, Dios dijo a Moisés que dejaría que la gente volviera a empezar. Pero estaba muy decepcionado. El Señor dio a Moisés otro juego de tablas de piedra.

Moisés las llevó ante la gente y les leyó las reglas. Todos prometieron tratar de ser buenos. Escucharon las reglas y asintieron con la cabeza. "Sí," dijeron algunos. "Tienen sentido."

Entonces siguieron atravesando el desierto. Siguieron a Moisés a donde los guiara. Sin embargo, no importando qué tan lejos fueran, nunca olvidarían el rostro de Moisés cuando bajó de aquella montaña. ¡Su cara brillaba como el sol!

El rostro de Moisés brillaba porque, durante su segunda visita a la cima de la montaña, había podido ver a Dios. Era el único hombre que había visto a Dios cara a cara. El Señor caminó con Moisés. Estuvo con él, como cualquier hombre lo haría con un amigo. Moisés se hizo amigo de Dios. ¡Ver a Dios había iluminado el rostro de Moisés!

Esta no fue la única vez que su cara brilló por la gloria de Dios. Cada vez que ordenaba acampar, ponía una tienda especial para el Señor. En esa tienda, Aarón y sus hijos colocaban cuidadosamente los Diez Mandamientos.

Moisés visitaba esa tienda con frecuencia. Iba ahí a hablar con Dios. Siempre salió de ella con el rostro resplandeciente. Para el pueblo, esto era un indicio de que Moisés no era cualquier líder. Era el líder elegido por Dios. Aunque habían prometido ser buenos, no pasó mucho tiempo para que la gente comenzara a refunfuñar y quejarse otra vez.

"Hace mucho calor."

"¡Nunca debimos salir de Egipto!" Cuando no tenían suficiente comida, se quejaban. Cuando tenían suficiente comida, se quejaban.

"A todo esto, ¿Dónde está Dios?" De ninguna manera agradecían el agua y la comida que Dios les daba cada día.

Moisés hizo lo mejor que pudo para enseñar a la gente. Para eso son los líderes. "Sólo piensen a dónde vamos. Dios prometió llevarnos sanos y salvos a una tierra nueva, ¡la tierra prometida! ¡Confíen en Él, Él nunca se ha olvidado de ustedes!"

Pero la gente prefirió no escuchar. Aún cuando habían acampado en un lugar muy cercano a la tierra prometida, la gente se quejaba. "Ya hemos visto esa tierra. ¡Está llena de tribus enemigas!"

"¡No queremos vivir ahí!" gritó la gente a Moisés.

"¿Sabes qué creemos? ¡Que no hay Dios!" Se habían olvidado completamente del poder de Dios. Olvidaron que siempre habían sido esclavos en Egipto. Se olvidaron del Monte Sinaí. Dejaron de seguir y de escuchar a Moisés. Ahora no había forma de que Dios los alcanzara con Su amor.

No había nada que Moisés pudiera hacer. ¡Nadie lo escuchaba! Finalmente Dios se enojó tanto con la gente que dijo que tendrían que andar errantes durante cuarenta años en el desierto hasta llegar a su nuevo hogar.

Viajar por cuarenta años significaba que toda la gente que se quejó moriría de vieja antes de llegar a la tierra prometida.

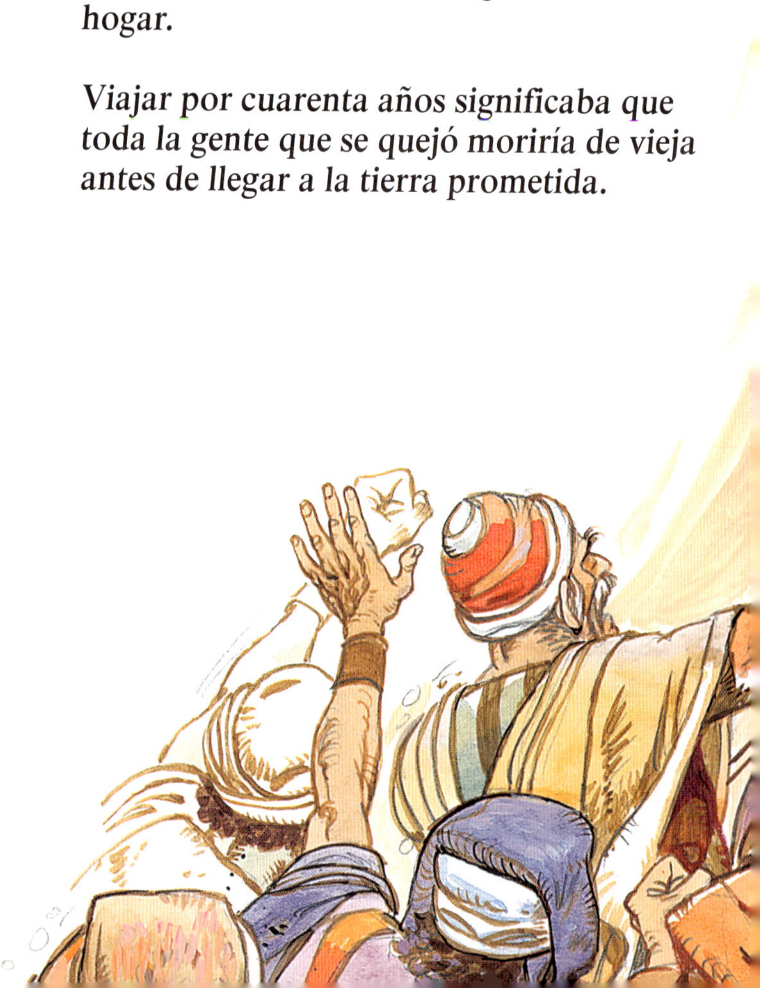

El Señor volvería a empezar con los hijos de aquellos a quienes sacó de Egipto, los hijos de los quejosos. En cuarenta años esos niños habrían crecido. Para entonces el pueblo de Dios finalmente estaría preparado para confiar en Él.

Moisés gimió por dentro cuando oyó la noticia. Él nunca había querido el trabajo de guiar a un pueblo tan testarudo. Y ahora faltaban otros cuarenta años para que pudiera terminar ese trabajo.

Durante ese tiempo suspiraría con frecuencia, "No sé si podré hacer esto." Moisés se sentía débil cuando la gente cometía los mismos errores una y otra vez. Muchas veces pensó en darse por vencido y decir, "No tiene caso."

Cada vez que Moisés iba a la tienda de Dios y le hablaba de sus dudas, Dios dijo, "Moisés, Yo estoy contigo. Yo te he elegido." Esto ayudaba a calmar sus preocupaciones. Para Moisés bastaba con saber que Dios estaba de su lado.

Durante cuarenta largos años Moisés dirigió al pueblo de Dios por todo el desierto. Un viaje de alrededor de cien millas debió durar sólo unas cuantas semanas. ¡Pero se extendió por cuarenta años! A pesar de todo, no hubo un solo día en que Moisés dejara de esforzarse por ser el mejor líder posible. No era autoritario, sino comprensivo, como un pastor con sus ovejas.

Al terminar el plazo, todas las personas que habían dicho no creer en Dios habían muerto. Sus hijos habían crecido, y tenían sus propios hijos. Estas personas creían en Dios, aunque no habían visto lo que Dios hizo por ellos en Egipto. Confiaban en Él y esperaban ver la tierra prometida.

Un día, Dios ordenó a Moisés pasar el puesto de líder a otra persona. Tenía ciento veinte años. Era el único anciano que quedaba vivo. Hasta Aarón había muerto para entonces.

Llamó a reunirse a toda la gente. “Recuerden que deben respetar la Ley. Escuchen a su nuevo líder. Y nunca cometan los errores que cometieron sus padres. Crean en Dios y Él siempre estará a su lado.”

Moisés sabía de lo que hablaba. Había empezado siendo el hombre más inseguro. En cualquier circunstancia, Dios siempre le enseñó qué hacer e hizo que todo saliera bien. Moisés no se atribuyó el crédito, se lo dio todo a Dios.

Llegó el momento en que Moisés dejara la tierra para ir a estar con el Señor. Solo, escaló hasta la cima de una montaña. Ahí, ante él, estaba la tierra prometida, “¡Puedo verla toda!” lloró Moisés. Había guiado a su gente por tanto tiempo y tan lejos. Esto era lo que había esperado ver toda su vida.

Dios le había dicho que podría ver la tierra, pero que nunca entraría en ella. Esta vez Moisés no discutió con Dios, dijo sí. Después de todo, Moisés era amigo de Dios. Y eso hacía que todo valiera la pena.

Mientras estaba sobre esa montaña, Moisés murió. Dios vino y Él mismo enterró el cuerpo de Moisés. Moisés fue uno de los hombres más importantes en la historia del pueblo de Dios. Durante cuarenta años fue un príncipe. Durante cuarenta años pensó que era un don nadie. Y durante cuarenta años Moisés fue el elegido de Dios para guiar a Su pueblo hasta la tierra prometida.

Podrás encontrar la historia de Moisés en el Antiguo Testamento, en los libros Éxodo, Números y Deuteronomio.